사랑할 때 우리는 동물이 되는가?

EN AMOUR SOMMES-NOUS DES BÊTES?
by Michel Serres

민음 바칼로레아 045

사랑할 때
우리는 동물이 되는가?

미셸 세르 ǀ 박시룡 감수 ǀ 이수지 옮김

민음in

● 일러두기

1 본문 가장자리에 있는 사과 ● 는 이 책을 통해 반드시 이해해야 하는
　 핵심 개념을 표시한 것입니다.

2 본문 아래쪽의 주는 독자들이 본문 내용을 쉽게 이해할 수 있도록 한국어판에 특별히 붙인 것입니다.

3 인명 및 지명 표기는 한글 맞춤법 통일안 및 외래어 표기 규정을 따랐습니다.

4 본문에 사용한 부호 및 기호의 뜻은 다음과 같습니다.

　　 ― 전집, 단행본: 『 』

　　 ― 신문, 잡지: 〈 〉

　　 ― 개별 작품, 논문, 기사: 「 」

차례

질문 : 사랑할 때 우리는 동물이 되는가?

바다 밑에서 몇 년을 보내야 하는 핵잠수함 승무원들이 있었다. 잠수함 생활은 끝없이 반복되었고 한번 시작되면 70일 이상이나 지속되었다. 잠수함의 은둔자들은 해저의 암흑과 적막 속에서 언제나 긴장한 상태로 대기하고 있어야 했다. 웬만한 수도사들의 수련을 능가하는 생활이었다.

어느 날 밤(사실 그곳에는 밤만이 존재한다.) 잠수함을 지휘하는 장교 중 한 명이 타일 바닥 위로 유리구슬이 떨어지는 듯한 이상한 소리에 잠이 깼다. 그는 황급히 자리에서 일어나 하사관에게 갔고, 두 사람은 함께 그 이상한 소리의 발원지를 찾아다녔으나 허탕이었다.

핵잠수함은 발사대가 뒤 갑판에 위치하며, 발포 시 선체의

판이 열려 로켓이 나오게 되어 있다. 그리고 함교* 탑 아래 달려 있는 두 대의 카메라가 로켓 발사 시 입구가 잘 열렸는지 그 모습을 찍어 중계한다. 장교와 하사관은 이상한 소리의 발원지를 찾기 위해 이 카메라를 작동시켰다. 그러자 화면에는 뒤 갑판과 함교 탑 사이에 몸을 웅크리고 붙어 있는 거대한 몸집의 향유고래*가 나타났다. 두 사람은 깜짝 놀랐다. 그 이상한 소리의 주인공은 바로 이 향유고래였던 것이다.

"저 고래를 떼어 냅시다."

함장의 명령에 따라 승무원들은 선체를 상하좌우로 비틀며 고래를 떼어 내 보려 했지만 고래는 오히려 흔들리는 선체에 저항하며 더욱 악착같이 달라붙었다. 장교들은 분통을 터뜨리다가 마침내 고래 떼어 내는 일을 포기하기로 했다.

"사실 저 고래가 우리한테 불편을 끼치는 건 없지 않습니까? 그냥 놔둡시다. 오히려 우리를 위장해 줄 겁니다."

승무원들은 재미 삼아 카메라에 찍힌 고래의 모습을 선체

●●●

함교 함장이 항해 중에 함을 조종하고 지휘하도록 하기 위해 갑판 앞 부분 중앙에 높게 만든 단.
향유고래 몸 길이 12~16미터, 몸무게 18~44톤의 거대한 고래로 향고래, 말향고래라고도 하며 수심 3000미터까지 잠수할 수 있다.

내 모니터로 방영하고는 곧 이 일은 잊은 채 각자 제 위치로 돌아갔다.

잠수함 임무를 마치고 뭍으로 돌아온 장교는 어느 날 부인과 함께 한 저녁 식사에 초대를 받았다. 그곳에는 마침 고래 전문가가 한 명 와 있어서, 장교는 향유고래가 낸 이상한 소리에 대해서 그 전문가에게 설명했다. 그러자 고래 전문가는 박장대소를 하며 이렇게 말했다.

"그 이상한 소리는 발정 난 수컷이 암컷과 짝짓기 할 때 내는 소리입니다. 환희의 탄성인 거죠."

사랑이라는 말은 자주 남녀 간의 사랑 또는 성애를 가리킨다. 그렇다면 사랑이라는 개념은 언제부터 인류의 역사에 등장했을까?

아주 먼 옛날로 거슬러 올라가 보면, 몇몇 단세포 동물들은 자기 분열을 통해 번식을 시작했다.˙ 동물이 번식을 하는 데 자기 분열이 아닌 성적인 방법을 찾기까지는 수십 억 년이 걸렸다. **성 행동**은 생식 기관과 생식 기능, 생식 행위 혹은 **유성** 🍎

• • •

단세포 동물의 번식 박테리아나 아메바 같은 단세포 생물은 어느 정도 자라면 두 개의 새로운 개체로 분열한다. 이렇게 세포 분열에 의해 개체수를 늘리는 생식법을 이분법이라 하고 이는 무성생식에 속한다.

생식과도 구분되는 개념이다. 이것은 육체적인 쾌락을 위한 행위라는 점에서 생식의 본래 목적과는 차이가 난다.

인간을 비롯한 몇몇 동물들은 생식 기관을 통해 육체적 쾌락을 즐기는데 이때는 생식 기관을 생식기가 아닌 '성기'라고 부른다. 간단한 음식에서부터 점차 고급 요리가 발전되었듯이, 원초적인 성 행동으로부터 복잡하고 관능적인 구애 행위가 생겨난 것이다.

기독교에서는 가장 숭고한 사랑으로서 '아가페'를 강조하는데, 이는 신이 베푸는 무조건적인 사랑 또는 신과 세상의 이웃들을 향한 헌신적인 사랑을 말한다. 이러한 종교적 개념의 사랑이 아닌 남녀 간의 사랑은 서양에서도 오랜 세월 입 밖에 내는 것이 금기시되어 왔으며, 최근에 와서야 자유롭게 말할 수 있게 되었다.

중세 프랑스의 음유시인들 이전에는 그 누구도 남녀 간의 사랑을 구체적인 이미지로 표현하지 못했다. 서로를 향한 이끌림과 동경, 수줍음, 밀고 당김, 성적인 욕망과 육체적 결합의

● ● ●

유성 생식 암수의 생식 세포에 의한 생식. 즉 수정에 의하여 새로운 개체가 형성되는 번식 방법이다.

신비로움을 사랑이라는 하나의 감정으로 엮어 낼 생각을 하지 못했던 것이다. 그 이전의 사람들은 사랑을 남녀 한 쌍이 서로 주고받는 감정이라 규정짓지도 않았고, 실제로 그런 경험을 하지도 못했다.

하지만 이제 우리는 사랑을 다음과 같이 설명할 수 있다. 사랑은 살아 있는 모든 것들이 맺고 있는 관계들을 재창조하고, 새롭게 하며, 생기를 주는 것이다. 사랑은 관계를 강화시키는가 하면 때로는 약화시키고 파괴하기도 한다. 여기에서 관계라고 하는 것은 성과 육체, 그리고 존재의 모든 차원에 걸친 것이다.

사랑을 향한 인간의 행동은 번식을 위한 것이든 성욕에 의한 것이든 일반 동물과 크게 다를 바가 없으며 진화의 흐름에도 위배되지 않는다. 때로는 이 구애 행위가 인간을 동물과 유사하게 만들기도 한다.

우리 인간이 동물에 속한다는 것도 맞는 말이요, 우리가 여타 척추동물과 유사한 것도 부정할 수 없는 사실이다. 인간만이 고유하게 도구를 사용하고 문화 및 단체 생활을 영위한다고 하지만, 많은 조류들과 유인원들 역시 그런 특성을 갖고 있음이 밝혀졌다.

그것은 성에 있어서도 마찬가지이다. 그러나 우리가 여타 생물들과 비슷한 방향으로 진화되어 가긴 하지만 그 사이에 예상할 수 없는 갈래들이 뻗어 나와 인간과 동물을 다르게 만든다. 사랑은 그중에서도 가장 아름다운 가지라고 할 수 있다.

1

인간의 사랑을 동물의 사랑과 **비교**할 수 있을까?

동물의 사랑이 인간의 사랑보다 더 헌신적일까?

우리 인간이 아무리 열렬한 사랑에 빠졌다 한들, 고래 부부처럼 자식들을 좀 더 좋은 환경에서 기르기 위해 북극에서부터 따뜻한 난류가 흐르는 곳까지 수천 킬로미터를 헤엄쳐 갈 사람이 몇 명이나 될까? 또한 철새들처럼 지구의 경도를 가로질러 얼음장처럼 차갑고 공기가 희박한 고공을 날아갈 수 있을까? 어느 누가 연어처럼 기진맥진하여 죽음에 이를 때까지 강과 댐의 급류를 거슬러 오르며 천적들과 맞서겠는가?

어떤 남자가 수컷 늑대와 수캐들처럼 배란기의 암컷을 향해 먹지도 자지도 않고 쉴 새 없이 짖어 대겠는가? 또한 바다사자와 말코손바다사슴˚처럼 암컷 무리를 소유하기 위해 피 터지게 싸우고 심지어는 생명까지 내놓겠는가? 부드러운 연애와

신속한 성교에 익숙한 인간 남자들이 과연 사마귀들이 하는 성교를 감당할 수 있을까? 환희가 끝남과 동시에 암컷에게 목을 내놓는 그런 성교를 말이다.

사람이라면 수벌처럼, 여왕벌의 혼인 비행에 목숨을 던지지 않을 것이다. 누가 얻는 것 하나 없이 젊은 나이에 그런 식으로 죽으려 하겠는가? 또한 만약 수컷 무당거미처럼 정해진 신호에 따라 조심스럽게 거미줄에 접근하지 않으면 덩치 큰 암컷에게 잡아먹힌다면, 세상 어떤 남자도 여자에게 다가가지 않을 것이다.

많은 작가들이 밝혔듯, 사랑에 있어서 우리 인간은 동물처럼 행동한다. 그러나 우리 인간은 수줍고 소심하며 겁이 많고 쩨쩨해서, 본능에 이끌려 크나큰 피해나 희생을 감수하는 영웅적 행위를 하지는 못한다. 예외적으로 필레몬과 바우키스,* 엘

●●●

말코손바닥사슴 사슴과의 포유동물. 몸의 길이는 2.5~3미터이며, 회색을 띤 갈색이다. 현존하는 사슴 가운데 가장 크며 수컷은 손바닥 모양의 뿔이 있다. 삼림과 호숫가에 무리를 지어 사는데 캐나다, 알래스카, 시베리아 등지에 분포한다.
필레몬과 바우키스 그리스 신화에 나오는 어진 노부부. 제우스와 헤르메스는 인간으로 변장해 한 마을을 방문했다가 사람들로부터 냉대를 받는다. 오직 필레몬과 바우키스 부부만이 두 신에게 극진한 대접을 하고, 덕분에 인간을 벌하기 위해 내려진 큰 홍수 속에서 살아남아 화려한 신전에서 살게 된다. 이후 두 사람은 오랫동안 화목하게 살다가 소원대로 같은 날 죽어 각각 참나무와 보리수로 변했다.*

로이즈와 아벨라르,* 마농과 데 그리외,* 성 프란체스코*와 성녀 클라라,* 그리고 피에르 신부*와 테레사 수녀* 등 사랑의 순교자와 증인만이 고래와 연어, 꿀벌, 무당거미와 견줄 수 있을 것이다.

● ● ●

엘로이즈와 아벨라르 아벨라르는 조카 엘로이즈를 사랑한 대가로 친족들에 의해 거세당하고 생드니 수도원의 수사가 되었다. 그 후 엘로이즈도 수녀가 되었으며 두 사람은 평생 한 번도 만나지 못한 채 편지만을 주고받았다.

마농과 데 그리외 프랑스 작가 아베 프레보의 소설 『마농 레스코』의 두 주인공. 늙은 후견인과 동행하던 마농은 어느 날 밤 명문가의 아들 데 그리외를 만난 후 사랑에 빠져 도피를 감행한다. 파란만장한 연애 행각 끝에 두 사람은 사막으로 도망을 치고, 끝내 마농은 데 그리외의 품에서 숨을 거둔다.

성 프란체스코(1182~1226) 가톨릭의 성인으로 세속적인 재산을 모두 버리고 청빈 생활을 하며 이웃을 돕는 데 헌신했다. 프란체스코회의 창립자이자 이탈리아의 수호 성인이 되었다.

성녀 클라라(1194~1253) 프란체스코에게 깊은 영향을 받아 수녀가 되었으며 프란체스코와 함께 클라라 관상 수녀회를 창설했다.

피에르 신부(1912~) 살아 있는 성자라고 불리는 프랑스의 신부. 1912년 프랑스 리옹의 상류층 가정에서 태어났으며, 19세에 모든 유산을 포기하고 카푸친 수도회에 들어갔다. '엠마우스'라는 빈민 구호 공동체를 만들어 평생 집 없는 가난한 사람들과 소외된 사람들과 함께했다.

테레사 수녀(1910~1997) 인도 캘커타 지역의 빈민들을 돌보며 헌신하여 1979년 노벨 평화상을 받았다. 평생 가난하고 병든 사람을 위해 헌신하였으며 '빈자의 성녀'로 추앙받았다.

동물은 인간보다 사랑의 기술이 뛰어날까?

샌프란시스코 만 근처의 언덕배기에 있는 오솔길을 산책하다 보면 온갖 종류의 신기한 생물들을 만날 수 있다. 코요테, 퓨마, 어치, 말똥가리, 끄트머리가 빨간 날개를 펼치고 비행하는 검은 새들, 날개를 펼치면 그 크기가 어마어마한 검은 독수리, 손바닥만 한 크기에 털이 복슬복슬한 굵은 다리로 느릿느릿 이동하는 타란튤라(무도 거미), 독 없는 날씬한 뱀, 다이아몬드처럼 빛나는 마름모꼴 무늬를 하고서 방울을 흔들어 대는 치명적인 방울뱀 등.

짝짓기 계절이 오면 이 동물들은 조심성 없이 밖으로 나와서 사방으로 돌아다니기 때문에 산책할 때 잘 살피며 걸어야 한다.

동물들의 짝짓기가 한창인 5월의 오후에는, 검은 바탕에 흰 줄무늬가 있는 뱀이 따뜻한 햇볕 아래에서 몸을 데우는 장면을 목격할 수도 있다. 그럴 때는 도로 밑의 구멍에서 같은 종의 또 다른 뱀이 나오기도 한다. 두 뱀은 헤르메스 지팡이 *의 뱀 문양처럼 밧줄을 꼬듯이 서로 몸을 얽는다.

이 경이로운 장면은 '여자와 남자가 사랑의 결합을 한다.' 는 우리가 흔히 쓰는 표현이 무색해질 정도로 매혹적이다. 우리는

뱀들은 몸이 유연해서 사람이 흉내 낼 수 없는 부드러운 몸짓으로 사랑을 나눈다.

유연성이 부족해서 뱀들처럼 포옹할 수가 없다. 그런 면에서, 여덟 개의 다리로 유희를 즐기며 부드럽게 너울거리는 문어들도 부럽기는 마찬가지이다.

함께 얽힌 채로 물 흐르듯 유연하게 구멍 속으로 사라지는 뱀들. 사람들에게 공포를 불러일으키는 뱀이지만, 그들이 사랑을 나누는 모습은 사랑스럽고 아름다울 뿐만 아니라 서투르고 뻣뻣한 우리 인간들이 범접할 수 없는 어떤 비밀을 소유하고 있는 듯하다.

과연 우리는 뱀이나 문어에 비해 사랑에는 영 소질이 없는 것일까?

사랑이라는 개념을 동물에게 적용할 수 있을까?

'사랑이 전부'라는 말이 인간을 제외한 다른 생물에게도 통하는지는 모르겠다. 다른 생물의 언어를 알 수 없으니 직접 물

● ● ●

헤르메스의 지팡이 그리스 신화 속의 전령신 헤르메스가 가지고 다니던 지팡이. 지팡이에는 두 마리의 뱀이 몸을 칭칭 감고 있는 모습이 장식되어 있다.

어볼 수도 없는 노릇이다. 하지만 집에서 가축을 기르는 경우 직접 관찰을 통해서, 그렇지 않은 경우에는 학교에서 배우는 생물 과목을 통해서 동물들의 다양한 성 행동을 어느 정도는 알 수 있다.

각 생물의 형태가 종과 개체에 따라 다양하듯 각 생물의 생식 방법 또한 다양하다. 포도밭에 서식하는 진딧물은 **난생 동물**처럼 알을 낳거나 **태생 동물**처럼 새끼를 낳기도 하며 **단위생식**까지 할 수 있다. 한편 유대류˚는 일반적인 포유류와는 전혀 다른 생식 기관과 육아낭을 가지고서 특유의 방법으로 생식과 육아를 하며, 벌이나 개미 또한 사회적인 곤충이라는 특성에 알맞게 고유한 생식 방법을 각각 공유한다.˚ 이들의 생식 방법은 홀로 살거나 쌍을 이뤄 살아가는 뱀이나 곰과는 완전히 다를 수밖에 없다.

현재까지 세상에 알려진 생물의 종보다 아직 알려지지 않은

● ● ● ●

단위생식 암컷이 수컷과 수정하지 않고 단독으로 새로운 개체를 만드는 생식법. 꿀벌이나 물벼룩, 진딧물 등의 동물과 약모밀, 껄껄이풀, 민들레 등의 식물이 이 방법으로 생식한다.
유대류 발육이 불완전한 상태로 새끼를 낳아 어미 배에 있는 육아낭에서 일정 기간 키우는 포유류의 일종. 육아낭 속에는 젖꼭지가 있어 새끼한테 먹일 수 있다. 코알라, 캥거루, 주머니늑대, 주머니두더지 등이 여기에 속한다.

종들이 훨씬 더 많기 때문에, 모든 생물들의 생식 방식을 일일이 다 확인할 수는 없다. 생물들의 광범위한 생식 방법은 하루이틀 연구해서 알 수 있는 게 아니다. 그렇기 때문에 다른 생물들을 인간 여성 및 남성과 비교하는 것은 무모한 일이기도 하다.

그러나 인간을 포함한 생물들의 애정 행동에서 비슷한 점을 찾아볼 수는 있다. 그들은 뿌리칠 수 없는 이끌림, 몸의 빛깔과 노래를 동원한 구애(물론 인간이 알아채지 못하는 생물들의 신호도 있을 것이다.), 향긋한 냄새, 짜릿한 체온, 피부로 전하는 애정 표현 등을 통해 서로를 유혹한다.

또한 때로는 느리게, 때로는 인내심을 가지고 끈기 있게, 또 때로는 번개처럼 빠르고 강렬하게 서로를 향해 접근한다. 과시와 수줍음, 애교, 질투, 경쟁, 애태우기 전략을 사용하기도 하고, 그 결과 상대방을 선택하거나 버리며, 무언의 승낙과 거절을 주고받기도 한다. 시간의 흐름에 맞추어 놀라운 전략을 구

● ● ●

개미의 생식 개미의 경우 여왕개미는 수정된 알, 즉 수컷의 염색체가 더해진 알을 낳는 것에 비해 암컷 일개미는 수정되지 않은 알, 즉 체세포의 염색체 수가 여왕개미가 낳은 것의 반밖에 안 되는 알을 낳는다. 여왕개미가 낳은 알은 암컷이 되고 일개미가 낳은 알은 수컷이 된다.

사하는가 하면, 자기 가치를 높이기 위해서 거절과 회피를 할 때도 있다. 이런 친숙한 애정 행동 속에서 생물들은 서로의 진심을 파악하곤 한다.

정도의 차이는 있겠지만 어떤 생물도 이러한 사랑과 번식의 욕구에서 자유로울 수는 없다. 하지만 그렇다고 해서 물고기나 원숭이들의 행동을 지나치게 인간 중심적으로 이해하는 것은 조심해야 할 문제이다.

실제로 동물학에서는 동물들이 인간과 같은 사랑의 감정을 느낀다고 보지 않는다. 어미 새가 먹이를 물어다 새끼 새의 입에 넣어 주는 모습을 보고, 어미가 새끼를 무척 사랑한다고 해석하지는 않는 것이다. 그저 어미 몸속의 호르몬 변화와 부리의 자극 때문에 자동적으로 먹이 주는 반응을 보이는 것으로 설명한다.

동물의 구애 행위나 짝짓기에 대해 인간의 주관적인 생각을 개입시키는 것은 분명 위험하다. 우리가 사는 방식이 곧 우주 전체의 방식은 아니기 때문이다. 특히 성과 사랑에 관한 한, 인간과 다른 생물들은 몇 가지 중대한 차이를 보인다는 점을 우리는 주목해야 한다.

해부학적인 구조에서부터 정신적인 면과 문화적인 측면에 이르기까지, 인간의 성과 사랑은 확실히 다른 생물들과 차별화

된다. 이제 사랑에 있어 인간과 동물을 구분 짓는 그 차이들을
하나하나 살펴보도록 하자.

2

인간의 사랑은
어떤 점이 특별할까?

인간의 성행위는 다른 포유동물의 교미와 어떻게 다를까?

사랑을 할 때 인간은 동물에 가까워진다? 이것은 사람과 동물의 차이를 잘 모르기 때문에 하는 말이다.

일단 인간은 해부학적 구조부터 다른 포유동물과 확연히 다르다. 시골에서 자란 아이라면 암소나 암말을 관찰하면서 네발 동물의 성기가 성별에 따라 어떻게 다른지 그 차이를 분명히 알 수 있을 것이다.

다른 포유동물들의 경우, 사람과 달리 암컷의 성기는 겉으로 드러나고 수컷의 성기는 안으로 숨어 있다. 따라서 평소에 수탕나귀나 수소의 음경을 보려면 몸을 충분히 낮춰야지 그렇지 않으면 고환만 보인다. 반대로 암말, 암돼지, 암송아지들은 꼬리만 약간 들어 올리면 성기를 볼 수 있다.

이 네발 동물들 중 몇 마리가 두 발로 선다고 가정해 보자. 그러고 나서 수백 년이 흐른 뒤 그들이 두 발로 돌아다니며 숲 속과 강가를 활보한다고 생각해 보자. 그렇게 되면 암컷의 성기는 안으로 숨겨지고 수컷의 성기는 겉으로 드러나게 될 것이다. 처음과는 반대로 바뀌는 것이다. 몸의 구조가 바뀌면 이성을 유혹하는 행동 또한 바뀐다. 그래서 두 발로 걷는 인간은 다른 포유동물과 구조적으로 다른 것이다.

또 한 가지 차이는 네발 동물들은 뒤로 성행위를 한다는 사실이다. 라틴어로는 후배위를 '야생 동물의 방식'이라는 뜻의 '모레 페라룸'이라고 부른다. 동물 특유의 이 체위를 취하면, 암컷과 수컷이 서로 쳐다볼 수 없고 상대방이 만족하는지도 물어볼 수 없다.

이와 달리 인간은 서로 마주보며 성행위를 하게 되었다. 동물 중에서는 유일하게 보노보*가 사람과 같은 자세로 성행위를 할 수 있다. 그렇다면 언젠가는 두 마리 보노보가 서로 마주

● ● ●

보노보 영장목 성성잇과의 포유류로 피그미침팬지라고 불린다. 침팬지 중에서는 몸집이 작은 편으로 몸길이는 수컷이 73~83센티미터, 암컷이 70~76센티미터이다. 중앙아프리카의 콩고 강과 카자이 강 유역에 서식한다.

보며 성교를 나누다가, 두 눈을 뜨고서 사람처럼 말을 하게 될지도 모르는 일이다. 어색한 침묵 속에서 뾰로통한 얼굴을 마주한 채 그 황홀한 순간을 맞이하는 건 아무래도 어울리지 않기 때문이다.

위와 비슷한 생각에서 계몽사상가들은 유인원들 세계에서 남녀 간에 나누던 성행위가 언어와 문화의 기원이 되었다고 생각했다. 분명 일리가 있는 주장이다. 얼굴을 마주봐야 서로를 알아보고 의사소통을 할 수 있지 않겠는가? 한편 경험주의자들은 언어가 감각에서 비롯되었다고 주장한다. 경험주의에 따르면 언어의 기원은, 사랑하는 쌍방이 서로 마주 대함을 동의한 것에서부터 출발한다고 할 수 있다.

인간의 사랑은 육체를 초월할까?

동물들은 냉혹한 자연 법칙의 지배를 받을 뿐 아니라 현재 살고 있는 공간과 시간에 구속을 받는다. 음유시인들은 멀리 있는 공주님을 노래하다 사랑을 발견하게 되었다. 그리고 몇 세기 후, 뷔시 라뷔탱˚은 "사랑에 있어서 상대방의 부재는 불 앞의 바람과도 같아서, 작은 불은 꺼뜨리지만 큰 불은 더욱 커

지게 한다."고 말했다.

우리는 떨어져 있는 사람을 그리워한다. 선원의 아내는 남편의 편지에 눈물을 흘리며, 사춘기 소년은 영화배우와 사랑에 빠진다. 우리는 어떤 대상과 사랑에 빠지는 동시에 사랑이라는 감정을 스스로 만들어 내는 것이다. 백마 탄 왕자님을 기다려 보지 않은 사람이 어디 있겠는가?

물론 고래들도 아주 먼 거리에서 서로를 부른다. 그러나 동물들은 연인이 곁에 없다 해도 인간처럼 애태우거나 그리워하지는 않는다. 그에 비해 사람들은 멀리 있는 상대도 마치 바로 옆에 있는 것처럼 형상화하고 사랑한다. 우리는 사랑을 위한 가상의 공간을 짓고 그 안에 살며 결핍한 부분을 스스로 채워 나간다.

또한 인간만이 아무 때나 사랑의 행위를 나눌 수 있다. 인간을 제외한 동물의 암컷은 일정한 주기로 찾아오는 발정기에만 짝짓기를 한다. 마치 정해진 순서에 따라 음악이 시작되고 멈추는 오르골처럼, 암컷들은 번식에 유리한 특정 시기에 발정을

● ● ●

뷔시 라비탱(1618~1693) 프랑스의 자유사상가. 딱딱하지 않은 고전 모음집을 펴내 당시 귀족들의 인기를 끌었으며, 궁녀들에 관한 흥미로운 이야기 『갈리아 풍속사』를 쓰기도 했다.

하고 수컷 역시 이 시기에만 반응을 보인다.

또한 암컷들은 배란이 되어 임신할 수 있는 상태임을 다양한 수단을 통해서 수컷들에게 알린다. 특유의 냄새를 발산하거나 독특한 소리를 내며 성기 주변의 피부가 부풀어 오르기도 한다. 이런 신호들은 발정기가 지나면 사라지기 때문에 더 이상 수컷을 자극하지 못하게 된다.

하지만 인간의 배란은 공공연히 드러나는 것이 아니라 눈에 띄지 않게 일어난다. 즉 여성들은 자신의 배란 여부를 확실히 알 수 없다. 이런 과정에 따라 오직 인간 여자만이 월경*을 하며, 이를 통해 인간의 성행위는 동물 세계에서 교미가 담당하는 본래의 의미를 벗어 버리게 되었다. 인간은 배란과 상관없이 일 년 열두 달 내내 성교를 하며 생식보다는 성적 즐거움을 위해 섹스를 하는 것이다.

디드로*는 발정기 같은 특정 시기에 상관없이 언제든 육체

● ● ●

동물의 월경 개가 발정기의 첫 단계로서 외음순이 부풀어 오르며 피와 같은 분비물을 흘리는 것은 사람의 월경과는 다르다.

드니 디드로(1713~1784) 18세기 프랑스의 대표적인 계몽주의 사상가. 방대한 분량의 『백과전서』를 집필하는 데 생애의 대부분을 바쳤으며, 그 밖에도 『달랑베르의 꿈』, 『수도녀』, 『라모의 조카』, 『운명론자 자크』, 『회화론』, 『배우에 관한 역설』 등의 철학서와 소설, 예술 비평서를 집필했다.

적 사랑을 나누는 것을 인간의 고유한 특성이라고 말했다. 인간은 하루하루 연속되는 밤과 낮에는 관심을 가지지만 봄이라는 특정 계절(가축을 제외한 초식성 포유류들은 봄에 새끼를 낳을 수 있도록 발정을 한다.)에는 무관심한 것이다. 하지만 남성 우월주의 때문인지, 그것이 여성 덕분에 생긴 특성이라는 사실은 덧붙이지 않았다.

인간 여성에 있어서 '유리한 시기'란 동물의 암컷과는 달리 번식의 기회와 상관이 없다. 오히려 여성들은 번식 가능성 즉 배란 여부를 숨김으로써 언제나 성욕이 왕성한 남자들이 바람을 피우지 못하도록 곁에 잡아둘 수 있다고 설명하는 학자들도 있다.

이렇게 하여 여성은 포유류들의 생식 시계가 가지는 기능을 완전히 바꿔 놓았다. 그로 인해 생식의 기능은 성적 쾌락의 수단으로 전환되었고, 관능적인 성애와 성행위가 시작되었다. 따라서 사랑에 관한 한 여성들에게 경의를 표해야 한다.

이처럼 인간의 성적 충동과 사랑은 예측할 수 있는 것이 아니다. 어떤 단추를 누르기만 하면 작동하는 기계가 아닌 것이다. 사랑은 산들바람처럼 다가오고, 미세한 신호에도 반응하며, 평범한 일상의 뒤편에 자리 잡은 가상의 공간 속에서 자라난다. 과거의 추억과 미래의 계획, 불가능한 꿈, 상상의 시가 바로 사랑의 자양분이다. 사랑은 유전자의 지배 아래 자의와는 상관없이 필연적으로 치렀던 성행위에서 처음 싹텄으나, 시간이 흘러 결국에는 인간의 소망이 되었다.

인간의 몸은 사랑하기 좋도록 진화했을까?

사람의 앞발은 특수하게 발달한 동물들의 발톱이나 집게, 굽 등과 달리 특별한 장점이 없어 보이는 손으로 진화했다. 또한 인간의 입은 동물들의 길쭉한 주둥이나 부리 등과 달리 언저리가 부드러운 구멍으로 진화했다.

게의 단단하고 힘센 집게는 도구나 무기가 될 수 있지만, 부드럽고 약한 인간의 손은 무언가를 자르거나 찌르지도, 자신의 몸을 보호하거나 공격하지도 못하며 나뭇가지에 오랫동안 매달릴 수도 없다. 그러나 인간의 다섯 손가락은 여타의 동물들의 발과 다른 고유한 기능을 가진다. 엄지손가락은 나머지 네 개의 손가락과 마주보고 있어 활시위를 당기고 곡괭이를 쓰며 피아노를 치거나 실의 매듭을 묶고 칼이나 가위로 물건을 자를 수 있다. 사람은 이 손가락을 이용해 활과 줄, 리라,* 쟁기 등을 만들었다. 또한 인간은 손가락으로 상대방을 부드럽게 쓰다

듬을 수 있다. 인간의 입술은 새의 부리처럼 무엇을 쪼거나 죽일 수 없지만 말하고, 노래하고, 음식을 맛보고, 키스를 할 수 있다.

인간의 경우에는 계통수*에서 중심 줄기로부터 가지가 뻗어 나가는 것이 아니라, 가지가 중심에 있는 줄기를 향해 반대로 되돌아가는 기이한 진화가 일어난 셈이다. 이것이 인간의 특수한 기능을 퇴화시키고 예정되었던 진화를 지워 버렸는지도 모른다.

진화라는 것은 보통 시간이 흐르면서 그 형태와 목적이 드러나고 겉모습이 분명해지며 마침내는 특수화된다. 인간의 경우처럼 진화의 경계가 사라지고 특수성이 없어지면 점점 후퇴하는 것처럼 보이게 된다.

이런 일이 언제, 어떻게 벌어졌는지는 아직 알 수 없지만, 과거의 어느 날 시작된 이 기이한 진화로 인해 인간은 한층 더 가능성이 넘치는 세계로 들어설 수 있게 되었다.

비록 인간의 손톱과 발톱이 맹수의 날카로운 발톱만큼 강력

● ● ●

리라 고대 그리스의 작은 현악기. 하프와 비슷하며, U자나 V자 모양의 울림판에 일곱 또는 열 줄을 매고 손가락으로 뜯어서 연주한다.
계통수 생물의 발생과 진화의 관계를 나무에 비유하여 나타낸 그림.

하지 못하고, 인간의 입술과 이빨이 새의 부리와 같은 기능을 하진 못하지만, 우리는 수많은 도구를 다룰 줄 알게 되었고 날 것부터 익힌 것까지 모든 음식을 먹을 수 있는 잡식성이 되었다. 또 우아하고 세련된 사랑의 언어를 포함해 수천 가지의 언어를 구사할 수 있게 되었다. 우리 신체의 쓸모없던 기관까지 온갖 일에 두루 능통해진 것이다.

동성애를 어떻게 이해해야 할까?

알에서 막 부화한 거위 새끼는 태어나서 처음 본 것을 어미로 여기며 평생 그것을 따른다. 동물학자 콘라트 로렌츠*는 이를 **각인**이라고 불렀다. 그렇다면 갓 태어난 거위 새끼가 태어난 첫날에 동성의 다른 거위를 만났다고 가정해 보자. 새끼 거위는 그 거위에게 깊이 각인되어 따라다닐 것이고, 두 거위는

• • • •

콘라트 로렌츠(1903~1989) 오스트리아의 동물학자이자 동물 심리학자. 비교 행동학의 창설자 가운데 한 사람으로서 1973년에 칼 폰 프리슈, 니콜라스 틴베르헌과 함께 노벨 생리학·의학상을 수상했다. 대표적인 저서로 『솔로몬의 반지』, 『야생 거위와 보낸 일 년』, 『인간, 개를 만나다』 등이 있다.

적절한 시기가 오면 함께 둥지를 틀 것이다. 물론 암컷이든 수컷이든 알은 낳지 못할 것이다. 그러나 거위 둥지에 알을 집어넣으면 그들은 그 알을 품을 것이고, 여느 이성 부부처럼 새끼가 하늘을 날 수 있을 때까지 돌볼 것이다.*

위에서 든 예처럼 인위적 상황을 만들어 실험을 진행하면, 동물의 습성이 부수적 요소인 학습에 의해 어떻게 프로그램되는지 그 과정을 알 수 있다. 즉 각인은 새끼 거위의 유전체*가 아니라 후천적인 학습에서 비롯된다. 수컷 새끼 거위와 다른 수컷 거위를 만나게 하거나 암컷 새끼 거위를 다른 암컷 거위와 만나게 한 다음, 둥지에 알을 넣어 주는 실험을 하면, 예측 가능한 일들이 벌어지는 것이다. 특정한 원인에 따라 결과가 생겨나고 이 과정에서 학습 효과가 발생했다고 볼 수 있다.

그런데 인간의 동성애는 거위의 각인 행동과는 차이가 있다. 인간의 동성애는 인위적인 요소에 의해 생겨나는 것이 아닐 뿐더러, 동성애자의 행동을 자연, 문화, 유전, 생물학 가운

●　●　●

각인의 종류 각인은 크게 어미 각인과 성적 각인으로 나눌 수 있다. 어미 각인은 새끼가 어미에게 애착되는 것이고, 성적 각인은 특정 대상을 평생 짝짓기 상대로 여기게 되는 것이다.
유전체(genome) 세포가 가지고 있는 유전 정보 전체를 일컫는 말.

데 어떤 것으로도 설명하기가 쉽지 않다. 동성 커플이 키운 아이가 반드시 동성애자가 되는 것은 아니며, 이성 부부 사이에서 자란 아이라도 동성애자가 될 수 있기 때문이다. 인간의 동성애는 선천적 또는 후천적으로 틀지워진 어떤 것이라고 말할 수 없는 것이다.

물론 인간 역시 다른 생물들처럼 누구나 환경과 조건의 제약을 받는다. 그러나 사랑에 있어 모든 남자와 여자는 결국 스스로 선택을 한다. 이처럼 인간과 다른 동물 간의 비슷해 보이는 행동 양식 뒤에는 중요한 차이가 존재한다. 인간은 정해진 어떤 방식을 따르지 않고 개인적인 취향과 의지에 따라 사랑을 선택한다는 점이다.

동성애를 살펴보면 인간의 사랑에 대해 결정적인 단서를 얻을 수 있다. 통계적으로 훨씬 더 빈번하게 발생하는 이성애보다는 특수한 경우인 동성애 속에 두 집단 간의 차이가 명확히 드러나기 때문이다.

인간의 사랑은 문화에 따라 다를까?

인류는 특수화 대신 문화의 다양성을 얻었으며, 그 다양성은 각 문명을 통해 드러난다. 이것은 사랑에서도 마찬가지다. 지구상의 모든 사람들은 사랑을 하며 살아간다. 상대방의 삶에 관여하며 친밀한 관계를 엮어 나가는 것이다.

사랑에 관한 풍습은 문화권에 따라 다양하다. 침대에서뿐만 아니라 전통적으로 전해 내려오는 행동과 몸짓, 손짓, 노래 등을 통해 사랑을 나누는 사람들도 있다.

인디언들의 생활을 관찰하고 저서로 남겼던 프랑스의 장교 루이 아르망 드 라옹탕은 17세기 초 진정한 야생의 생활을 찾아서 로키 산맥으로 떠났다. 그는 여행 중에 만난 인디언들의 연애 풍속을 자세히 기록해 두었는데 그 내용은 다양한 경로를 통해 지금까지 전해지고 있다. 다음은 라옹탕 장교가 전하는 인디언들의 재미있는 풍속 중 하나이다.

어떤 부족에서 혼기가 찬 젊은 처녀는 천막에서 혼자 지내다가 저녁이 되면 신랑감 후보들을 맞아들인다. 각각의 후보는 손에 횃불을 들고 가서 처녀에게 바치는 시를 읊어 그녀를 즐겁게 해 주어야 한다. 남자가 마음에 들 경우 처녀는 입김을 불어 횃불을 끄고, 마음에 들지 않으면 횃불을 그대로 놓아둔다. 시 낭송이 끝날 때까지 횃불이 꺼지지 않는 후보는 천막을 나와 그냥 집으로 돌아가야 한다.

이처럼 지구상에 존재하는 다양한 문화권의 아름답고 우아

17세기 어느 인디언 부족은 처녀가 신랑감 후보의 손에 들린 횃불을 입으로 불어 꺼서
상대에 대한 관심을 나타내는 풍습이 있었다.

하며 묘한 사랑 이야기를 하나하나 대자면 밤을 새도 모자랄 것이다. 분명한 것은, 인간이 단순히 유전자의 지배를 따르는 존재가 아니기 때문에 이러한 문화적 다양성 또한 가능해졌으리라는 점이다.

다른 생물체는 유전자가 프로그램되어 있어서 다른 종과 차별화하거나 진화하려면 프로그램 자체, 즉 몸을 바꾸어야 한다. 하지만 인간은 프로그램에서 벗어나 있어 고유한 관계를 창조하기 위해 풍습을 바꾼다. 그렇게 해서 인간은 수많은 문화를 창조하게 되었고, 지금도 다양한 사랑의 풍속과 문화를 가꾸어 나가고 있는 것이다.

개개인은 어떻게 관계를 창조해 나갈까?

인간은 생물학적으로 다른 생물들과 차이가 있다. 일단 인간과 다른 종의 동물은 계, 과, 속으로 나누어진 일반적인 생물 분류 상에서 같은 위치에 놓일 수 없다. 왜냐하면 서로 교배할 수 없으며, 종이라는 생식적 격리에 의해 경계가 뚜렷하게 나뉘기 때문이다.

인간은 독수리가 아니요, 호박도 아니다. 인간은 콘도르처럼 번식하지 않으며 달팽이처럼 사랑을 나누지도 않는다. 또한 인간은 끼리끼리 산다. 이렇게 인간은 다른 생물 종들과 차이가 나지만, 어쨌든 하나의 종을 이룬다는 점에서는 그들과 다를 바가 없다.

인간 종은 다양한 문화를 만들어 내며 산다. 그리고 자연스럽게 '우리'라는 개념을 탄생시켰다. 여기에서 '우리'란 한국인을 뜻할 때도 있고, 정치적 좌파를 지칭할 때도 있으며, 탱고 춤 추는 사람들을 말할 수도 있다. 북아메리카의 알공킨 족 토착민 '우리'는 파푸아뉴기니의 아라페시 부족 '우리'와 남녀 간에 관계를 맺는 방식이 다르다.

여류 문학가 레스피나스가 운영하던 18세기 파리의 살롱에서 많은 여성들이 달랑베르*나 튀르고,* 마르몽텔* 등의 남성

● ● ●

달랑베르(1717~1783) 18세기 프랑스의 수학자이자 철학자. 수리 과학 분야와 과학 철학 분야에서 독창적인 업적을 쌓았으며 유명한 『백과전서』를 공동 집필했다.

튀르고(1727~1781) 프랑스의 정치가이자 경제학자. 루이 15세 때 행정관, 루이 16세 때 재정총감을 지냈으며 자유 경제 정책을 추진했다. 말단의 신분제를 폐지하자는 대담한 법안을 제출하여 봉건 귀족의 맹렬한 반격을 받고 사직했다.

앙투안 마르몽텔(1816~1898) 프랑스의 음악가. 소나타와 에튀드, 피아노 소품 등 많은 피아노 곡을 작곡했으며 파리 음악원에서 비제, 드뷔시, 맥도웰 등 뛰어난 후배 음악가를 육성했다.

들과 유지하던 관계는, 14세기 이탈리아의 문인 보카치오*가 쓴 소설에 등장하는 시골 아낙네들이 뭇 남성들과 맺는 관계와 달랐다. 물론 그 관계는 오늘날 정치적 세력을 형성한 알제리의 페미니스트들이 자기 나라 남성들과 맺는 관계와도 다르다. 이성에 대한 관심의 표현은 나라마다 다양하며 풍토에 따라 그 강도에 차이가 있다. '우리'는 각자가 속한 환경의 제약을 받으며 다양한 방식으로 사랑을 나눈다.

여기에서 또 빼놓을 수 없는 것이 '나'이다. '나'라는 단어는 호메로스*의 서사시에 이미 등장했으며 기독교의 사도신경과 성 아우구스티누스*의 『고백록』에도 나온다.

유일무이한 '나'는 또 다른 유일무이한 '나'와 사랑을 나눈

●●●

지오바니 보카치오(1313~1375) 이탈리아의 소설가. 단편 소설집 『데카메론』을 지어 근대 소설의 선구자로 칭송을 받았다. 그 밖에도 『필로콜로』, 『피아메타』, 『필로스트라토』 등 다양한 소설을 남겼다.

호메로스(?~?) 고대 그리스의 시인. 호메로스가 쓴 것으로 알려진 대표적인 서사시 『일리아스』와 『오디세이아』는 고대의 트로이 전쟁과 여기에 얽힌 영웅들의 이야기를 다룬 방대한 작품이다. 두 작품은 고대 그리스의 교육과 문화의 토대가 되었고, 로마 제국 시대에는 사실상 인문 교육의 뼈대가 되었다.

아우구스티누스(354~430) 북아프리카 타가스테(지금의 알제리) 태생의 신학자이자 철학자. 신이 인간을 무에서부터 끌어낼 수 있고, 유한성으로부터 해방시킬 수 있다고 생각했다. 저서에 『고백론』, 『신국론』 등이 있다.

다. 그리하여 이들은 매 순간 유일무이한 관계를 만들어 내는데, 이 관계는 각자의 방식에 따라 변화하며 한없이 깊어졌다가 시들해지기도 하고 결국 소멸해 버릴 수도 있다. 텔레비전 드라마만 보더라도, 주인공 남녀가 가슴 설레며 사랑을 시작했다가 이내 이별하는 모습을 쉽게 볼 수 있다. 성 관계를 나누더라도 마음으로 사랑하지 않는 커플도 있을 수 있으며, 그저 자식을 낳고 안정적인 삶을 꾸리기 위해 관계를 유지하는 부부들도 많다.

이처럼 관계라는 것은, 관계를 통해 연결된 두 명의 '나'보다도 더 독특하고도 미묘하다. 우리는 시간의 제약 없이 언제든지 사랑을 나눌 수 있지만, 시간이 사랑을 변화시키고 사랑에 빠진 이들을 변화시키는 것은 어쩔 수 없다.

인간 종들이 부부나 가족이라는 이름으로 만드는 생물학적, 문화적 관계는 다른 동물이 맺는 관계와 비슷해 보일 수도 있다. 하지만 사랑이라는 선택적인 관계에 있어서만큼은 예측 불가능한 독창성을 지니고 있으며, 사랑하는 모든 사람들은 각각의 새로운 세계를 창조한다.

● 배란기의 여성은 매력적이다?

여성의 배란기에 대해서는 재미있는 연구 결과가 많이 나와 있다. 많은 학자들이 관심을 기울이는 대목은 여성들이 배란기에는 평소와 다른 은밀한 신호를 보낸다는 것이다. 물론 동물들처럼 공공연하게 피부색을 변화시키거나 강렬한 소리나 냄새를 발산하는 않지만, 거의 의식하지 못하는 범위 내에서 행동이나 생체에 미묘한 변화가 생긴다고 한다.

핀란드의 한 연구 팀은 배란기 여성 81명이 이틀 밤 동안 입었던 티셔츠를 수거해서 남녀 지원자에게 그 냄새를 맡도록 하고 어떤 셔츠에서 나는 냄새가 가장 섹시하게 느껴지는지를 물었다. 그 결과 남자들은 배란기 무렵의 여성이 입었던 셔츠의 냄새가 가장 매력적이라고 대답한 반면 여자 지원자들은 일관성 있는 대답을 하지 않았다.

실험을 진행한 연구 팀은 이 현상에 대해, 배란기에는 여성의 몸에서 특정 호르몬이 생산되어 남성을 매혹하는 체취가 생긴다고 설명했다.

그 밖에도 배란기가 가까워질 때 여성들은 피부가 더 매끄럽고 밝아져서 다른 때보다 한층 아름다워 보인다는 주장에서부터, 배란기 때는 가슴이 파진 옷이나 짧은 치마를 즐겨 입는 등 노출을 더 많이 하게 된다는 내용까지 다양한 연구 결과가 나와 있다.

이런 모든 연구는, 임신의 가능을 최대한으로 높이기 위해 여성들의 무의식과 신체에 은밀한 변화가 나타난다는 사실을 시사한다.

3

사랑에도 종류가 있을까?

기생과 공생과 사랑은 어떻게 다를까?

사랑이라는 감정의 범위를 어떻게 규정지어야 할까?

인간과 동물에게서 공통적으로 나타나는 애정의 종류로는 모성애가 있다. 아기에 대한 독점적인 열정이라 할 수 있는 그 감정은 남녀 간의 사랑과는 구별되는 개념이다. 인간의 갓난아기는 새끼 새와 마찬가지로 어머니 품 안의 냄새를 맡고는 그 냄새를 기억하고 따르게 된다. 이런 주입 현상은 동물들에게서 흔히 일어나며 동아줄만큼이나 질기게 작용한다. 이러한 초기의 모자 관계는 무엇보다도 중요하다. 이는 모든 것의 근본으로서 생명의 비밀을 담고 있으며, 단세포 동물에서부터 인간에 이르기까지 보편적으로 나타나는 현상이다.

모성애와 같이 한없이 주는 것을 독점적인 열정이라 한다면, 반대로 상대방에게서 받기만 하는 상태를 **기생**이라고 표현할 수 있다. 우리는 흔히 이 원초적이고 타산적이며 탐욕스럽기까지 한 상태를 사랑과 혼동한다.

다 자란 포유류의 수컷을 관찰해 보면, 유전자를 퍼뜨리는 데 있어 암컷에게 모든 짐을 지우며 암컷을 숙주로 취급하는 것을 종종 볼 수 있다. 게다가 유대류나 포유류의 새끼는 먹을거리와 잠자리, 휴식처 등 모든 것을 모체에 의존한다. 암컷은 다시 숙주의 역할을 맡게 되는 것이다.

새끼는 출산의 순간부터 어미와 이별을 시작하며 분리의 과정은 이후에도 계속된다. 그러는 동안 새끼는 자유를 배운다. 하지만 자기 힘으로 마실 것과 먹을 것, 잠잘 곳을 찾아야 하기에 새끼에게는 그 자유가 오히려 가혹하기만 하다. 새끼는 독립을 통해 성장할 수도 있지만, 다른 개체에게 기생을 당해 파멸할 수도 있다.

그런 고통을 겪으면서 살아남은 동물들은 기회가 오면 자기만의 보금자리를 차지하게 된다. 그렇지 못하고 어쩔 수 없이 얹혀살아야 할 처지에 놓인 개체들은 새로운 여자 주인이나 남자 주인, 또는 어머니나 아버지, 경우에 따라서는 교묘히 먹을 것을 갈취해 낼 이웃을 찾아 나선다. 어떻게든 한 공동체의 일원이 되려 하는 것이다.

많은 동물들이 가축으로 남게 된 것은 그런 보호 관계의 절실함 때문이었을지도 모른다. 한편으로 남녀 간의 애착이란 위에서 말한 동물들의 행위와 얼마나 흡사한가? 떠돌이 기생 동물들이 집 밖에서 생존하기 어려워 마침내 자멸하는 것처럼, 얼마나 많은 사람들이 정열의 대상을 잃었다는 이유로 자살을 선택하는가?

한편 **공생** 관계는 기생 관계와 달라서, 한 사람이 다른 사람에게 모든 것을 주는 것이 아니라 두 사람 모두 혜택을 얻게 된다. 묵언의 계약에 따라 균형적인 교환이 이루어지는 것이다. 기생 관계는 오래 지속되었을 때 파행을 불러일으키는 반면, 공생 관계는 사랑에 있어 필요조건이 된다. 하지만 이 요소가 사랑에 필요한 모든 것은 아니다.

우리가 말하는 사랑이 성립하려면 필요조건을 넘어선 충분조건이 있어야 한다. 흔치 않은 그 충분조건이란 바로 '당신이기 때문에, 그리고 나이기 때문에'라는 말로 설명할 수 있

● ● ●

필요조건과 충분조건 어떤 원인 A가 사건 B의 원인일 때, A가 없으면 B도 일어나지 않을 경우 A를 필요조건이라 한다. 예를 들면 산소가 없다면 연소도 일어나지 않을 것이기 때문에 산소는 연소의 필요조건이다. 한편 A가 있으면 B도 일어나는 경우 A를 충분조건이라 한다. 산소가 있더라도 연료가 존재하지 않을 경우 연소는 일어나지 않는다. 때문에 산소는 연소의 충분조건은 아니다.

다. 이것은 지극히 비이성적인 이유이다. 이성이 침묵하는 이 문턱에서부터 우리의 탈프로그램화가 발동하고 행운이 시작된다. 경험하지 않은 자는 이해할 수 없는 이 신비로운 문턱 앞에서 모든 원칙이 발길을 멈추는 것이다.

변태적 성행위란 무엇일까?

우리는 정신적 사랑은 숭고하다고 생각하는 반면, 육체적인 성행위 자체는 동물적이라고 생각하는 경우가 많다. 하지만 온갖 가학적이고 피학적인 성행위, 아동이나 약자를 대상으로 하는 성폭력 등과 같은 변태 성행위들은 오히려 동물과는 거리가 멀다. 이런 행위들은 어떤 관습에 의해 만들어지는 것이 아니라, 프로그램되지 않은 감정과 충동에 따라 생겨나며 인간에게 비정상적인 쾌락을 준다.

그런데 어떤 성적 행위를 변태적이라고 부를 수 있는 기준은 무엇일까? 이에 대해서는 확실한 정의도 없으며, 유전학과 관련된 정보도 없다. 우리는 논리에 따라 어떤 성행위를 비정상이라고 규정하는 것이 아니라, 생각의 과정 없이 무언가 정상적이지 않다는 것을 바로 감지한다. 그러다 보니 이분법적

논리에 따라 변태적이라고 여겨지는 행위를 동물과 관련지어 버리는 것이다.

변태적인 성행위의 공통 요소를 뽑는다면 '폭력'일 것이다. 강간이 바로 대표적인 변태 성행위이다. 동물들은 정글의 법칙에 따라 최강자에게 복종한다. 정복하지 않으면 정복당하는 세계 속에서 동물들은 엄격한 위계질서를 배우고 공격하고 싸움하는 방법을 익힌다.

물론 때로는 그들의 법칙이란 것이 아주 잔혹해 보일 때도 있다. 말코손바닥사슴 수컷들은 암컷의 의사와 상관없이 암컷을 소유하기 위해 결투를 벌인다. 그리고 결투에서 이긴 한 마리가 기진맥진할 때까지 모든 암컷을 차지하고, 나머지 수컷들은 다음 번 쟁탈전까지 금욕을 한다. 지극히 단순한 힘의 논리이긴 하지만, 이를 변태적이라 할 수는 없다. 그러니 인성(人性)을 때 묻지 않은 순수한 것으로, 동물성을 변태적인 것으로 각각 규정해 놓고 그 사이에서 갈팡질팡하는 것은 어리석은 일이다.

실제로 인간만이 폭력과 사랑을 하나의 테두리 안에 가두고 싶어 한다. 그럴 경우 폭력은 사랑을, 사랑은 폭력을 밀어내기 때문에 큰 혼란이 일어나는 것이다. 아무리 상대를 사랑한다 할지라도 거기에 폭력이라는 요소가 개입되면, 그것은 변태적인 행위로 전락하고 만다. 상대방에 대한 배려는 사랑의 또 다른 필요조건이다.

숭고한 사랑이란 무엇일까?

자신이 속한 세계에서 벗어나 숲이나 사막, 바닷가 등 자연으로 회귀하는 사람들이 있다. 이들은 뉴질랜드의 크라이스트처치[●]에서부터 칠레의 발파라이소,[●] 북태평양의 열도에서부터 남태평양의 제도까지 정처 없이 유랑하며 낚시와 수영, 휴식을 취하고 짧은 연애 끝에 아이들을 낳는다.

다음은 그렇게 해서 태어난 여자아이가 실제로 겪은 이야기이다. 아이가 여덟 살 때였다. 하와이 섬 중 하나인 카훌라위 섬의 바닷가에서 아이와 부모는 점심 때 먹을 만새기[●] 낚시를 하고 있었다. 아버지와 어머니는 물고기를 따라 점점 멀어져

● ● ●

크라이스트처치 뉴질랜드 남섬 북동 연안에 있는 도시. 1850년경 영국에서 이주자들이 건너오면서부터 도시로 발전하기 시작했다.
발파라이소 칠레에 있는 인구 약 30만 명의 작은 도시. 칠레의 주요한 공업 지역이자 아름다운 공원과 옛 성당, 각종 대학이 있는 문화 중심지로, 기후가 온화하여 관광객이 많다.

갔고 아이는 오랫동안 혼자서 물놀이를 했다. 잠수용 호흡 장비를 착용하고 기분 좋게 수영을 하고 있는데, 느닷없이 돌고래 두 마리가 다가와 한 마리는 아이의 왼쪽 겨드랑이 아래로, 다른 한 마리는 오른쪽 팔 아래로 파고들었다. 그리고 부드럽고도 차분하게 아이를 수면 위로 들어 올렸다. 아이의 얼굴이 수면 위로 나오자 돌고래들은 꼬리로 물을 한 번 찰싹 내려치고는 곧 사라졌다.

돌고래들은 여자아이가 물에 빠졌다고 생각해서 살리려 했던 것일까? 믿기 힘든 일이었지만, 아이는 그 황홀한 사랑의 추억을 아직까지도 가슴속에 고이 간직하고 있다.

돌고래가 인간과 유전적으로 거리가 멀기 때문에 우리는 돌고래의 행동을 더 확대해서 해석하는 것인지도 모른다.(이것은 누군가가 철로에 떨어진 사람을 구하기 위해 목숨을 버린 경우, 그 의인이 외국인일 때 더 큰 감동을 주는 이유와도 같다.) 하지만 그런 점을 감안하더라도 인간의 일반적인 모습과 비교하면 돌고래의 행동은 확실히 순수하고 숭고해 보이기까지 한다. 우

● ● ●

만새기 민새깃과의 바닷물고기. 몸의 길이는 1.5미터 정도이며 옆구리와 등에 작은 점이 흩어져 있고 등은 녹갈색, 배는 누런 갈색이다. 바다 표면에 몰려다니며 행동이 민첩하다.

리는 종종 권력과 지위, 재산 등을 차지하기 위해 폭력을 사용하고 사랑에 등을 돌린다.

인간에게 있어 사랑은 한편으로 단순하고도 숭고하며, 한편으로는 너무도 힘겹다. 진정한 사랑이란 때로 우리에게 삶 전체를 바칠 것을 요구하기도 한다. 그런 헌신적인 사랑을 하는 사람들은 분명 세상 곳곳에 존재하지만 잘 알려지지 않는다. 그들은 정육점 주인이나 우체부, 길거리의 청소부 등 예상치 못한 가면을 쓰고 침묵을 지키며 눈에 띄지 않게 도심을 지나간다. 그렇게 그들은 다른 사람들은 물론이고 자기 자신조차도 모르게, 하나의 숨은 집단을 형성해 나간다.

사랑은 세상의 모든 사람들에게 살아 나갈 힘을 부여해 준다. 친절한 한마디나 스쳐 지나가는 몸짓, 짧은 만남과 눈 깜짝할 사이의 찰나를 통해서도 그런 사랑은 큰 위력을 발휘한다. 소녀가 돌고래와의 짧은 만남을 평생 가슴에 새기고 살듯이 말이다. 그처럼 진실한 사랑이라는 신성한 직책을 맡은 이들이 있기에 세상과 인류는 존재한다.

우리는 어머니를 통해서 한 번, 그리고 사랑을 통해서 두 번 태어난다. 사람에 따라 두 번째 탄생은 아직 일어나지 않았을 수도 있다. 진실한 사랑이 담긴 상대방의 음성을 듣는 순간, 우리는 이 세상에 존재하고 있음을 실감하게 된다.

사람은 사랑을 통해 다시 태어난다. 진실한 사랑은 세상을 살아갈 힘을 준다.

긍정적인 사랑의 관계란 어떤 것일까?

사람은 모두 고유하며 살아가는 동안 저마다 독창적인 관계를 형성한다. 두 사람이 함께 이루는 관계는 그 독창성이 두 배가 된다고 할 수 있을 것이다. 하지만 사람 간의 관계를 연구하는 학자들은 관계 그 자체에만 몰두하여 부자 관계, 모자 관계 등으로 단순화시키곤 한다. 관계 안에 미묘하게 얽혀 있고 수시로 변화하는 다양한 감정에 대해서는 애써 설명하려 하지 않는 것이다.

사랑의 관계라는 것은 예상치 못한 시간과 공간 속에서 성장해 나간다. 각 사람들의 계획과 상황에 따라 차근차근 만들어지는 것이 바로 관계이다. 여기에는 공평하게 주고받는 공생 관계가 전제되어야 하며, 생동감 넘치는 건설적인 변화가 동반되어야 한다. 그 긴 여정에서 우리는 때때로 장애물과 유혹들을 만나며 정신적, 신체적 시험을 치른다. 누군가와 그 사랑의 짐을 함께 운반하고 싶은가? 그 여정의 끝에는 어떤 목표가 있는가?

사랑하는 두 사람의 관계는 하나의 작품과 저자와의 관계에 비유할 수 있다. 일반적으로 저자는 작품에 책임과 권리를 행사하는 사람을 뜻한다. 그러나 '저자'라는 단어의 라틴어 어원은 더 많은 뜻을 함축하고 있다. 바로 '성장하다.'라는 뜻을 가지는 것이다. 이 어원에 따르면, 저자는 무언가를 증대시키는 사람이라고 할 수 있다. 만약 어느 저자가 당신을 성장시키지 못한다면 그는 바람직한 사랑의 대상이 아니다. 사랑하는 두 사람은 함께 커 나간다. 사랑은 감소시키는 것이 아니라 확대시키는 힘을 가지기 때문이다. 당신이 초라하고 볼품없게 되었다면, 현재의 저자는 당신의 사랑이 아닌 것이다.

또한 진정한 관계를 맺으려면 그 주체가 속한 위치에서 자유로워야 한다. 즉 사랑의 대상이 아버지나 어머니이든, 아들이나 딸이든, 이웃집 여자나 낯선 외국인이든, 생불 전체거나 세상 그 자체이든 상관이 없다는 것이다. '당신을 사랑한다.'는 말 속에는 어떤 지위도 드러나지 않는다. 당신의 모든 것을 허용한다는 뜻이다. 내가 당신을 사랑하는 것은, 당신이 나의 부모나 여동생 또는 이웃이기 때문이 아니다.

그렇지 못하고 편협한 테두리 안에서만 사랑을 규정지을 때 우리는 다양한 가치들을 좁은 곳으로 몰아넣고, 다채로운 관계를 일방통행으로 제한하며, 사랑이 가진 자유와 포용이라는 거대한 힘을 깎아내리게 된다. 사랑한다는 것은 어떤 가치의 반대말이나 전도된 뜻이 아니다. 그 안에는 온갖 가능성이 존재하며 심지어는 '증오'까지도 끌어안는다. 때문에 사랑은 우리의 잠재력을 극대화시킨다. 사랑의 개념 안에 증오가 포함될 수는 있어도, 증오 안에 사랑이 속할 수는 없는 것이다.

기독교에서 강조하는 교리 중 "하나님을 사랑하고 네 이웃을 사랑하라."는 것이 있다. 일부 사람들은 여기에서 말하는 이웃의 의미를 왜곡해서 '서로 사랑하되 나를 닮은 사람만 사랑하라.' 는 식의 엉터리 원칙에 빠지곤 한다. 그런 원칙은 배타주의를 낳으며, 다른 개체들과 끊임없는 갈등을 빚도록 만든다.

보편적 사랑은 인류 전체와 인류가 만들어 낸 문화뿐 아니라 세상 안에 존재하는 모든 것을 포용한다. 바위와 물과 구름, 바람, 번개, 심지어는 죽음까지도 그 대상에 해당한다. 인간의 행위로 인해 심각한 위험에 처한 환경과 멸종 위기의 동물들을 보호하기 위해서 그들을 더 사랑하고 아껴야 한다. 사랑에 있어서 인간은 동물이 아니지만, 동물은 인간의 보편적인 사랑을 받을 만한 동료들이다.

자신과 가장 가까이 있는 이웃을 사랑하는 것이 바로 진정한 사랑의 원칙이다. 내 이웃으로부터 그 이웃의 이웃까지, 그리고 그 이웃의 이웃의 이웃까지 그 대상을 확대해 나가야 한다. 그 사랑의 길은 힘겹지만 그 길의 끝에는 평화로움이 기다리고 있다.

라틴 속담 중에는 "모든 동물은 성교가 끝난 후 슬픔을 느낀다.”라는 말이 있다. 그러나 사랑의 행위 끝에 즐겁게 웃는 우리 인간의 모습을 그려 보자.

더 읽어 볼 책들

- 권오길, 『권오길 교수가 들려주는 생물의 섹스 이야기』(살림, 2006).

- 최재천, 『알이 닭을 낳는다』(도요새, 2006).

- 아서 니호프, 남경태 옮김, 『침대 밑의 인류학자』(푸른숲, 2000).

- 데스몬드 모리스, 김석희 옮김, 『인간 동물원』(물병자리, 2003).

- 레너드 슐레인, 강수아 옮김, 『자연의 선택, 지나 사피엔스』(들녘, 2005).

- 프란스 드 발, 이충호 옮김, 『내 안의 유인원』(김영사, 2005).

- 헬렌 피셔, 정명진 옮김, 『왜 우리는 사랑에 빠지는가』(생각의 나무, 2005).

옮긴이 | 이수지

숙명여대 불문과 재학 중 프랑스로 유학, 파리 5대학에서 언어학 박사 과정을 수료했다. 현재 전문 번역가로 활동 중이다.

민음 바칼로레아 45

사랑할 때 우리는 동물이 되는가?

2판 1쇄 펴냄 2021년 3월 30일
2판 5쇄 펴냄 2024년 8월 8일

1판 1쇄 펴냄 2006년 9월 7일
1판 3쇄 펴냄 2013년 9월 19일

지은이 | 미셸 세르
감수자 | 박시룡
옮긴이 | 이수지
발행인 | 박근섭
펴낸곳 | ㈜민음인

출판등록 | 2009. 10. 8 (제2009-000273호)
주소 | 06027 서울 강남구 도산대로 1길 62 강남출판문화센터 5층
전화 | 영업부 515-2000 **편집부** 3446-8774 **팩시밀리** 515-2007
홈페이지 | minumin.minumsa.com

도서 파본 등의 이유로 반송이 필요할 경우에는 구매처에서 교환하시고
출판사 교환이 필요할 경우에는 아래 주소로 반송 사유를 적어 도서와 함께 보내주세요.
06027 서울 강남구 도산대로 1길 62 강남출판문화센터 6층 민음인 마케팅부

한국어판 © (주)민음인, 2006. Printed in Seoul, Korea
ISBN 979 11-5888-807-7 04000
ISBN 979 11-5888-823-7 04000(set)

㈜민음인은 민음사 출판 그룹의 자회사입니다.